R. J. Weickmann

Der Gänskrogn trifft den Dittlasbatscher

Gesamtherstellung: Druckerei und Verlag A. Hofmann, Nürnberg
Zeichnungen: Südgrafik, V. Hahn und J. Stillkrieg

Printed in Germany 1988 · 7. Auflage
ISBN 3 87191 039 2
Auslieferung an den Buchhandel: M. Edelmann, Nürnberg

Rudolf J. Weickmann

Der Gänskrogn trifft den Dittlasbatscher

Närmbercher und Fränkische Orchinale der Jahrhundertwende

VAH

Verlag A. Hofmann, Nürnberg

Vorwort zur 2. Auflage

Nachdem die Erstauflage des „Gänskrogn" ziemlich rasch vergriffen war, habe ich mich kurzfristig zu dieser erweiterten Neuauflage entschlossen. Erweiterte Auflage deshalb, weil aus dem Büchlein von einst ein richtiges Buch geworden ist. Denn viele viele Zuschriften habe ich inzwischen erhalten, von Leuten, die das eine oder andere Original noch persönlich gekannt haben oder die mir Hinweise gaben auf den oder jenen Kauz, der einfach in diese Sammlung mit hineingehört. Ich selbst habe auch einige Ausflüge ins Fränkische unternommen, auf den Spuren vom „Tout vo Forchheim", dem „Bimbala vo Laff" oder dem Blousarsch vo Färth". All das findet seinen Niederschlag in diesem Buch hier, das nunmehr zu einem nahezu vollständigen Nachschlagwerk über die „Fränkischen Orchinale der Jahrhundertwende" geworden ist.

Ich wünsche Ihnen viel Vergnügen. Sowohl beim Lesen, als auch beim Betrachten der Zeichnungen.

Rudolf J. Weickmann
im Sommer 1976

Vorwort zur 3. und 4. Auflage

Lieber Leser!

Ein alter Nürnberger Ausdruck sagt:

Mach ner su weider,
nou wersd scho sehng,
wousd hiekummsd.

Nun – das Gänskrogn-Buch ist hiermit zur 4. Auflage gekommen und ich bedanke mich an dieser Stelle einmal im Namen aller, die für ihn schreiben, bei Verleger Günter Hofmann, der nunmehr seit etlichen Jahren für die fränkische Dichtung ein offenes Ohr und stets eine freie Druckmaschine hat, um uns Franken bzw. der Bürgerschaft, wie Dr. Urschlechter immer so schön sagt, wieder ein bißchen mehr von jenen kleinen historischen Leckerbissen nahezubringen, die ansonsten wohl langsam in Vergessenheit geraten.

In diesem Buch wurden gegenüber den ersten beiden Ausgaben folgende „Orchinale" neu aufgenommen:

Der Galanteriekrämer
Die Lumperdurl
Georg Daum, der letzte Pappenheimer
Der Schpinner
Enrico Seilini, der große Artist
Der Houhou

Rudolf J. Weickmann
im Sommer 1980

1. Kapitel: Was ist ein Orginal?

Bevor wir diese Frage mehr oder minder erschöpfend beantworten, lassen Sie uns einen Blick zurückwerfen auf die Zeit um 1870 bis 1900, auf die 3 Jahrzehnte also, in denen die Mehrzahl unserer Freunde gelebt hat.

Der Krieg gegen Frankreich war gewonnen und die Franzosen hatten ihre Kriegsentschädigung bezahlt. Allein im Juliusturm der Spandauer Zitadelle lagerten 120 Millionen Goldmark (der sogenannte Reichskriegsschatz). Volk und Reich hatten also viel Geld und es herrschte ein allgemeiner Wohlstand, wie man ihn die Jahrzehnte vorher nicht gekannt hatte. Die Menschen wurden großzügig im Geldausgeben, und so war es kein Wunder, daß sich zu jener Zeit vor allem die fliegenden Händler, die Hausierer und sonstigen Bauchladentandler in einer Stadt wie Nürnberg gegenseitig die Türklinken in die Hand gaben, um sich vom allgemeinen Wohlstandskuchen ihren Teil abzuschneiden.

Wohlstand aber hat immer auch eine Reihe von Gestalten im Gefolge, die auf Kosten anderer ein ruhiges Leben führen, die Schmarotzer also, die Bettler, Säufer und Betrüger, die mit mehr oder minder faulen Tricks den Leuten das Geld aus der Tasche ziehen.

Von all diesen Typen handelt dieses Buch. Von den Händlern, die schon damals den Wert der Reklame erkannten und mit lustig-frommen Sprüchen ihre Ware anpriesen, von leicht Verrückten und Spinnern, die zum Gespött der Kinder wurden,

und von sonstigen harmlosen Zeitgenossen, die sich durch ihre Eigenheiten und ihre Kleidung, durch körperliche Mißbildungen und Gebrechen den Titel „Orginal“ verdienten.
Um Ihnen ein Bild zu vermitteln über all die Orginale, die es gab, habe ich nachfolgend versucht, einen kurzen, leicht faßlichen Überblick zu geben.
Man kann sie in sechs Gruppen einteilen:

1: die klassischen Nürnberger Orginale, angeführt vom Gänskrogn und der Schnapsgermania;
2: die Orginale unter den Hausierern und Straßenhändlern, der Mausfalln-Krämer zum Beispiel oder der Serviet-Krämer;
3: die Orginale, die wegen ihrer menschlichen Unzulänglichkeiten bekannt wurden. Da gab es den Gässlasgeiger, den Dittlasbàtscher oder den Saubardl;
4: die Orginale, die alle ihren liebenswerten „Hieb“ weg hatten. Männer wie den Muskkupf, Frauen wie die Schloocheri.
5: die Orginale mit ganz besonderen „Eigenheiten“, wie etwa den Brunskartler oder die Schweinauer Durl;
6: die klassischen fränkischen Orginale, der Tout vo Forchheim zum Beispiel oder der Blousarsch vo Färth.

Gehen wir also jetzt in den folgenden Kapiteln einfach in dieser Reihenfolge vor und lassen all die vielen Orginale vor unserem geistigen Auge erscheinen.

Anm. des Verfassers: Ich schreibe fortan bewußt Orgi- und nicht Original, weil man in Nürnberg in diesem Fall das erste „i“ nicht spricht.

Johann Förter
Kaufmann

2. Kapitel:

Die vier klassischen Nürnberger Orginale

Der Gänskrogn

* um 1820, † 1886

Johann Förter hat er geheißen, jener Nürnberger mit dem überlangen Hals, der zusammen mit der Schnapsgermania zum berühmten Orginal wurde. Zündhölzer verkaufte er, aus einem Bauchladen heraus, auf dessen Innendeckel „Johann Förter, Kaufmann“ stand. Man kann sich das heute gar nicht mehr so recht vorstellen, daß Streichholzverkaufen seinen Mann ernährte. Aber es waren halt andere Zeiten. Die Menschen waren bescheidener und zufriedener, und so ist der Gänskrogn anscheinend doch so halbwegs über die Runden gekommen.

Er war ein verbitterter, bösartiger Mensch. Auf Hänseleien der Kinder reagierte er mit üblen Schimpfworten. Aber auch die Erwachsenen kriegten ihr Fett, wenn sie es wagten, ihm keine Streichhölzer abzukaufen. Vom Gänskrogn stammt das berühmte Nürnberger Doppelschimpfwort „Arschluuch-Dreegsau“, das seitdem vor allem von Kindern bevorzugt wird, wenn sie sich, bar jeder Argumentation, gegenseitig alles Mögliche an den Kopf werfen. Und auch beim Gänskrogn konnte man sicher sein, daß er auf den freundlich gemeinten Zuruf „Arschluuch“ sofort mit einem krächzenden „Dreegsau“ antwortete.

Man sagt ihm auch nach, daß er der Erfinder so wohlklingender Begriffe wie „Brandsulln verfluchte“ oder „Spinatwachtl bläide“ gewesen sei, womit er die eine oder andere, nicht gerade freundliche Frauensperson des öfteren bedachte. Gestorben ist er jämmerlich, der Gänskrogn. Am Trempala, dem heutigen Trödelmarkt, wo die bekannten „Trödelstuben“ ihr Domizil haben. Dort fand man ihn im Winter des Jahres 1886. Erfroren. In einem Sandkasten liegend, wohin er sich zum Schlafen zurückgezogen hatte.

Viele Gedichte sind über ihn geschrieben worden. Das vom Hanni habe ich für Sie ausgegraben, das zweite „entfloß“ meiner eigenen Feder.

Der Hanni

Hanni hout der Gänskrogn ghaßn,
houts anner gsacht, wars net zum Schpaßn.
Zerscht hout er gschänd und nou is gflugn
a Haufm Gschpotzi – houch im Bugn.
A Ausdrucksweis, gar net zum Sogn,
is kumma aus sein langer Krogn.

Der Gänskrogn

Der Gänskrogn war a bäiser Moh,
verbittert und verkniffn,
an ihm war hintervorn nix droh,
der Wind hout ihm durch d' Rippn pfiffn.

Ihr Dreegsäu und ihr Wärtshaushocker,
ihr Seftl und ihr Madlersgockrer,
su hout er gschimpft, su hout er gfloucht
und nebnbei a paar Dumme gsoucht,
däi wou nern Streichhölzla ohgnumma,
denn deswegn is am Markt er kumma.

Er hout si jämmerli dernährt,
denn selbst sei Hölzer warn nix wert.

Drobn aff der Burch war er oft gween
und – hom nern dort di Kinder gsehgn,
sinns um ihn vur- und rückwärts gwetzt
und ham nern „Gänskrogn, Saumogn" tretzt.

Dann is er nouchgrennt all die Klann,
doch eigfangt hout er niemals ann,
denn mastns is der Gänskrogn gstolpert
und noh den ganzn Burchberg poltert.

Und wäi er dann su druntglegn is
dou hout er gschrieer „ich waß gwieß,
daß ich eich Dreegsäu aa nu kräich
und wenn i naaf zur Burch etz „fläich".

Die Schnapsgermania

* um 1850, † im März 1906

Sie und der Gänskrogn waren von der Bedeutung her auf eine Stufe zu stellen. Hätten sie sich geheiratet, sie wären ein imposantes Paar gewesen. Er – klapperdürr, nur Haut und Knochen, sie ein Riesenweib mit fast drei Zentnern Lebendgewicht. Netto. Daher auch ihr Kosename Germania. Den „Vornamen" Schnaps hat sie sich im wahrsten Sinne des Wortes angesoffen. Sie ging von Haus zu Haus und hackte für die Leute Kleinholz. Ihren kargen Lohn tauschte sie nach getaner Arbeit sofort gegen Kräuterschnaps der billigsten Sorte ein. Aber beileibe nicht erst zum Feierabend. Im Gegenteil. Pro Kundschaft eine Flasche. Das war so ihr Quantum. Ihren Tagesablauf kann man also relativ leicht nachvollziehen: frühmorgens aufstehen, holzhacken, Schnaps kaufen. Und von der ersten Flasche Fusel leicht betäubt, wankte sie dann zum Nächsten, der den Wunsch hatte, sein Holz von Germania Schnaps zerkleinern zu lassen. Man kann jedoch davon ausgehen, daß sie nie mehr als höchstens zwei Haushalte pro Tag mit ihrer hohen Kunst des Holzhackens beglücken konnte.

Bemerkenswert ist, daß es keine Geschichte gibt, aus der hervorgeht, daß sie sich im Suff einmal aus Versehen in den Finger oder sonstwohin gehackt hätte. Wahrscheinlicher ist vielmehr, daß sie, spätestens nach der zweiten Flasche, des öfteren wilde „Schwinger" durch die Luft schlug, exakt am Holzscheit vorbei.

Den Großteil ihres Lebens verbrachte sie im Südwesten Nürnbergs, in der Waschküche eines Pfarrhauses.
Und dazu schrieb mir eine Leserin des ersten Büchleins: „Die Kinder standen am Pfarrhauszaun und betrachteten neugierig ihr Tun. Und ein kleiner Bub mit großen, dunklen Augen, der jüngste der Pfarrerssöhne, mein späterer Onkel, brachte ihr täglich Essen vom pfarrherrlichen Tisch. Bald wurde ihr Verhältnis immer herzlicher und bei jedem Besuch durfte der gute Bub aus ihren geheimnisvollen Flaschen nippen. Leider – denn die Schnapsgermania ging wieder ihrer Wege, mein Onkel aber hatte seitdem eine Vorliebe für den Inhalt ihrer Flaschen, was in seinem Leben und in seinem Beruf nicht gerade angenehm war."

Die letzten Jahre ihres Lebens wohnte sie im Hinterhof des Hauses Hirschelgasse 21, neben dem Eingang zum damaligen Hirschvogelsaal. Dort ist sie im März 1906 auch gestorben.
Wie sie geheißen hat, die Schnapsgermania, weiß niemand mehr. Vielleicht Schlenk. Denn noch heute lebt ein etwa 82- bis 85jähriger Mann gleichen Namens in einem Nürnberger Altersheim, der von sich behauptet, der uneheliche Sohn der Schnapsgermania zu sein. Er wurde angeblich mit der Schnapsflasche großgezogen, was beweist, daß trotz stetigem Alkoholgenuß eine vernünftige Leber durchaus ihre 80 Jahre aushält.

Viele lustige Geschichten und Gedichte gibt es über sie. Zwei davon habe ich für Sie aufgeschrieben, die kleine Episode über ihr Schnaps „brauen" habe ich in Versform übersetzt:

*Die Schnapsgermania und der Gendarm**

Die Schnapsgermania begnügte sich nicht allein mit Schimpfen. Wenn sie ein paar Gläser Fusel getrunken hatte, dann konnte sie geradezu männlichen Mut aufbringen. Einmal sollte sie durch einen Polizisten festgenommen werden. Sie ergriff jedoch die Flucht und niemand hielt sie auf, denn alle freuten sich über den Wettlauf in der Stadt.
Da sprang die Germania plötzlich in eine Kehrichtgrube. Der Polizist, in dem Glauben, ihrer nun absolut sicher zu sein, sprang hinterher. Mitten in den Müll hinein, daß es nur so staubte. Aber während sich der kühne Springer noch die Augen auswischte, da war die Schnapsgermania auf der anderen Seite schon wieder aus der Grube geklettert und schlug sofort hinter sich die beiden schweren Eisendeckel zu. Der Mann mit der Pickelhaube war gefangen – sehr zum Spaß der Zuschauer, die laut Beifall klatschten. Und unter diesem Beifall ihrer Bewunderer „schritt“ die Schnapsgermania hocherhobenen Hauptes von dannen.

* Frei nach Franz Bauer

Das Geheimrezept

Di Schnapsgermania hout amol
am Plärrer drunt vur an Lokal,
glei zwanzich leere Flaschn klaut
und sich daham ihrn Fusl braut.

In Gostnhuf ban Pfarrer Grund,
wous in der Waschküch ghaust hat drunt,
houts schnell nu ann, zwaa Zentner ghackt
doch dann hats an Drumm Aamer packt
und ohgfangt mit der Brennerei,
Allmächt, wos panscht däi alles nei:

Zerscht zwaa Pfund Schnittlauch, schöi klaa gschniedn,
dann drei Pfund Zwetschger samt der Tütn,
an Sellerie, an Thymian
an Huflattich, an Baldrian,
a Prisla Pfeffer und a Salz,
a Messerspitzla Griefnschmalz,
zehr Hopfnblütn und an Dill,
an Paiterla mitsamt di Still
und ohmdraaf schütts a bißla später
su an die fuffzehr Liter Äther.

Das Ganze füllts in an Ballong
und stellt nern naus auf den Balkong.

Dou sitzt der Pfarrer, haaß is gwesn,
er tout in seiner Bibl lesn
und an der Stell, wous haßt su fein,
daß Jesus macht aus Wasser Wein,
hats hintn den Ballong zerrissn,
Hochwürdn houts in Gartn gschmissn,
dort is er liegn bliebn ganz verschreckt.

Doch die Germania, wohl versteckt,
däi murmelt blouß im erschtn Kummer,
i hob scheint's zuvill Zwetschger gnummer,
i waß doch, daß däi Krippl bläher
is next Mol nimm i Knoblauchzäher.

Der Zeitungskoarla

*um 1850, † 1908

Auch bei ihm das gleiche Lied wie bei den meisten Nürnberger Orginalen: seinen Vornamen Karl kannte jeder, seinen Nachnamen wußte keiner so recht. Der Koarla verkaufte Zeitungen in den Lokalen der Innenstadt. Sein Hauptutensil war eine große Umhängetasche, aus der heraus er die Nürnberger Zeitung anbot.

Von allen klassischen Orginalen war er zweifellos das lustigste. Allein schon die Art, wie er seine Zeitungen anpries, reizte zum Lachen und – natürlich zum Kaufen.

„Ihr hockt dou und saufd
und die Pängertz stäiht unter Wasser".

Das war so der Ton, den er bevorzugte, wenn er in ein Wirtshaus ging und die neuesten Schlagzeilen verkündete, so wie in vorliegendem Falle ein Hochwasser im Pegnitzgrund.

Aber der Koarla war nicht nur ein lustiger, sondern auch ein liebenswerter Mensch. Kriegte er es zum Beispiel spitz, daß irgendwo eine Hochzeit oder Taufe war, dann war er schon dort und gratulierte. Mit einem Blumensträußchen in der Hand und einem Tröpferl in der Nase. Daß er dabei natürlich auch kräftig zulangte, wenn man ihn zu Freibier und Essen einlud, das sei ihm heute, noch nach 100 Jahren, von Herzen vergönnt.

Ein nettes Gedicht und eine lustige Geschichte habe ich über ihn gefunden:

Der Koarla

Der Zeitungskoarla war a Moh
aus Närmbergs goldner Zeit.
Is wou a Taaf, a Hochzeit gween,
hout gschellt er bei di Leit.
A Straißla in der rechtn Händ,
a Tröpfla in der Nosn,
bevur er nou sei Sprüchla sacht,
hout ers schnell runterblousn.

Es woar amol ba anner Taaf,
i koo des net vergeßn –
houts Grießklöß gebn und Päiterla –
i siech nern heit nu fressn.
A Tröpfla is in'd Suppn klatscht,
scho ganz schäi grouß,
denn gscheit houts platscht.
Der Koarla sacht, walls nern nix kost,
in su an Fall – Vergelts Gott, Prost!

*Der Latterwogn**

Zwanzig Jahre lang hatte der Koarla seine Zeitungen aus einer Umhängetasche heraus an seine Kunden verkauft. Eines Tages aber wurde ihm das offenbar zu beschwerlich und so kaufte er sich von seinem Ersparten einen wunderschönen kleinen Leiterwagen, mit dem er fortan von Wirtshaus zu Wirtshaus fuhr.

*hochdeutsch: Leiterwagen

Aber er hatte letztlich doch keine so rechte Freude an diesem Gefährt, denn als die Kinder von seiner neuen Errungenschaft Wind gekriegt hatten, da warteten sie, bis der Koarla im Gasthaus verschwunden war, um dann seinen Wagen um die nächste Ecke in eine Seitengasse zu ziehen. Mit der Zeit wurde das aber dem Koarla zu dumm. Er verkaufte den Wagen und holte seine gute alte Tasche aus dem Schrank. Auf die Frage, warum er denn wieder mit Tasche arbeite, da antwortete er hintergründig: „Däi Taschn hout ka Räder, däi könners mer net wegfahrn."

Der Schousterbou

Er wird zwar ebenfalls zu den klassischen Orginalen gerechnet, ist aber im eigentlichen Sinne gar keines gewesen. Er steht vielmehr für eine ganze Gattung solcher Schusterjungen, die schon zu Hans Sachs' Zeiten die Aufgabe hatten, durchgelaufene Schuhe bei den Bürgern abzuholen, um sie nach erfolgter Reparatur wieder frei Haus gegen ein Trinkgeld abzuliefern. Frech waren sie allesamt, etwa vergleichbar mit den Berliner Zeitungsjungen, die wir aus dem Film „Emil und die Detektive" kennen. Daß schließlich einer von ihnen, stellvertretend für alle seiner „Rass", zum Nürnberger Orginal gekürt wurde, beweist, daß sie aus dem Stadtbild jener Zeit einfach nicht wegzudenken waren.
Folgendes Gedicht habe ich über diese „Lauser" gefunden:

Die Schousterboum zur selbn Zeit,
hamm gärcherd arch die altn Leit.

Vull Witz und vull Humor
hams ogführt mast den ganzn Chor.
Besonders däi vo Wäsch* und Wöhrd,
däi hout mer raus ganz bsonders ghört.

Schod – heit touts suwas nimmer gebn,
dös woar a Gaudi und a Lebn.
Däi Boum sinn etzer längst scho Master,
steign schtolz herum aff Närmbergs Pflaster.

*Die Wäsch war früher ein Teil von Galgenhof. Damals floß der Fischbach noch über der Erde durch die Stadt und die Frauen wuschen darin. Daher auch der Name „Wäsch". Bis 1974 stand dort das Hans-Sachs-Kino.

3. Kapitel:

Orginale, die Hausierer und Straßenhändler waren

Der Heringsbändiger

Der Heringsbändiger nannte sich Hein Hamburg und verkaufte „Gwedlte“ auf Kirchweihplätzen und Märkten.
In Wirklichkeit hieß er Schorsch Ödhofer und hatte die Waterkant nie gesehen. Er versuchte jedoch mit aller Gewalt Plattdeutsch zu sprechen und man behauptete sogar, er hätte eine Tante in Kiel gehabt, die er ab und zu anschrieb und um ein paar Brocken echtes Platt bat. Seine von ihm so hochgepriesenen Sprotten, Schleien und Nordseeheringe, die angeblich mehrmals den Atlantik überquert hatten, waren ganz schlichte Pengatz-Grundala und Weißfische der erstbesten Sorte.

Aber offensichtlich zog seine Tour recht gut, denn er war einer der ersten aus dem ambulanten Gewerbe, der in Lichtenhof ein eigenes „Häusla“ hatte.

Der Serviet-Krämer

Eines der vielen Orginale um die Jahrhundertwende. Er zog durch die Straßen und rief „Handtücher, Tischtücher, Serviett, wer kauft?" Überhaupt schien dieses „wer kauft?" eine stehende Redensart aller Händler dieser Art gewesen zu sein, denn wir finden sie bei anderen Artgenossen von ihm immer wieder. Ein Nürnberger war der Serviet-Krämer sicher nicht. Seiner Mundart nach war er eher ein Oberfranke oder gar aus der Gegend um Eger.

Viel weiß man nicht mehr über ihn. Höchstens, daß er mit den Wirten der Innenstadt auf ewigem Kriegsfuß stand.

Denn Tag für Tag bezichtigte der Serviet-Krämer die Nürnberger Gastronomie lauthals der Kulturlosigkeit, einfach deshalb, weil sie keine Tischdecken verwendete.

Aff an Diesch,
dou ghärt a Deck'.

Das war so eine Art Werbeslogan von ihm. Aber er hatte es halt schwer, einen Nürnberger Wirt davon zu überzeugen, daß auf einen jahrhundertealten Eichentisch unbedingt ein Tischtuch gehört, noch dazu in gerade der einen Farbe, die der Serviet-Krämer immer nur vorrätig hatte.

Der Mausfalln-Krämer

Weil wir schon bei den Krämern sind, hier ein paar Worte über ein weiteres Exemplar dieser Sorte. Wohlbemerkt, er nannte sich Krämer, beileibe nicht Mausfalln-Händler. Diesen Begriff hatte man schon damals einem ganzen Volk zugeordnet.

Jener Mausfalln-Krämer hatte um das Jahr 1900 einen durchaus einträglichen Broterwerb, denn Ratten und Mäuse gab es zu jener Zeit zwar nicht gerade wie Sand am Meer, aber doch in einer Anzahl, die es ihm erlaubte, nur einmal die Woche außer Haus gehen zu müssen. Die restlichen sechs Tage benötigte er, um die Mausfallen herzustellen.

Ein kleines Gedicht über ihn könnte ich mir etwa so vorstellen:

Der Mausfallnkrämer, der woar schlau,
hout ohklopft er ba anner Frau,
hout blitzschnell er nu aff der Gassn,
su vier, fünf Mais ins Haus nei glassn.
Und scho hats kafft a Falln die Dame,
dou siggsd den Wert vo der Reklame.

Der Beesleins-Bou

Er hieß Girgl, stammte aus der Korbmachergegend um Lichtenfels und kam einmal die Woche, zusammen mit seinem Vater, von Oberfranken herunter nach Nürnberg. Da sein Erzeuger ein recht beherzter Wirtshausgänger war, mußte sein Bub, damals so um die 14 Jahre alt, für ihn die Besen verkaufen. Hatte der Junge sein Soll an Reisigbesen verkauft, so kehrte er in das Wirtshaus zurück, um seinen Vater auszulösen. Gut hatte es der Bub nur, wenn der Vater beim Karteln gewonnen hatte. Denn dann konnte der Alte die Zeche bezahlen und für den Buben sprang sogar noch ein Teller warmer Suppe heraus.

Wehe aber, er hatte verloren und mußte das Geld angreifen, das der Junge eingenommen hatte, dann wurde es schlimm, denn schließlich wußte ja sein Weib daheim anhand der mitgenommenen Besen genau, was nach der Rückkehr der Beiden in etwa bei ihr abzuliefern war.

Der Bodackn-König

Man hätte ihn auch Bodackn-Napoleon taufen können, denn so wie der Franzosenkaiser sah er fast aus, jener Kartoffelhändler aus der Gegend um Wendelstein. Er zog meist barfuß durch die Stadt, einen Zweispitz auf dem Kopf, die rechte Hand zwischen Knopf zwei und drei der Jacke und mit der Linken einen Kartoffelsack über der Schulter tragend. „Bodackn, Bodackn, wer kafft Leit, wer kafft?" rief er und bot lautstark seine frischen „Erbirn" an.

Zu bemerken ist noch, daß damals die Kartoffeln noch pfundweis' verkauft wurden und nicht Sack für Sack, wie das heute so gepflegt wird.

Is Schwarzbeer-Weib

Sie verkaufte Beeren und ging ebenfalls hausieren, so wie der Serviet-Krämer oder der Bodackn-König. „Kafft Schwarzbuir, Erdbuir, ihr Leu-eut!“ rief sie, und aus diesem Leu-eut kann man erkennen, daß die Gute aus der Gegend um Forchheim oder Bamberg stammen mußte. Ansonsten ist wenig über sie bekannt, höchstens, daß sie mit einer Vielzahl von Krügen durch die Stadt zog, immer bemüht, keinen davon fallen zu lassen.

Halt, noch etwas erzählt man sich über sie: 1871, als der Krieg gegen Frankreich gewonnen war, da warf sie vor Freude all ihre Krüge in die Luft. Samt Inhalt natürlich. Beim Herunterfallen flog ihr dann einer auf den Kopf. Was sie zu dem Ausruf „Scheiß Kaiser" bewegt haben soll.

Der Galanterie-Krämer

* um 1850, † um 1905

Der Galanterie-Krämer war – ähnlich wie der Heringsbändiger – eines jener Nürnberger Originale, das ein paar Brocken fremdländischer Sprache von sich gab, um einen exotischen Eindruck zu hinterlassen.

> Kooft allerley Perspektiv, Microscop,
> Eventailes, Poudera la Marechal, etc.
> „Kooft".

Das war der mehr oder minder unverständliche Werbeslogan des „großen Meisters". Denn über zwei Meter groß soll er gewesen sein, sagte mir einer, der ihn etwa 1905 noch erlebt hat.

Galanterie-Artikel – das waren zu jeder Zeit all diese kleinen Accessoires, die die verehrungswürdige Weiblichkeit unbedingt brauchte, um die oftmals nicht vorhandene Schönheit etwas zu retouchieren.

Ein Bändchen am Strohhut zum Beispiel, ein Schleierchen, ein Stoffröschen oder jenes Spitzentüchlein, das man dezent, aber auffällig hinter sich warf, um dem lauernden Chevalier die Chance zu geben, es zu retournieren.
Schade, daß es heute keinen solchen Galanterie-Krämer mehr gibt. Ich könnte mir vorstellen, daß er nach wie vor einen großen Abnehmerkreis hätte.

Die Lumperdurl

* um 1850, † 1912

„Haaderlumpm“ hat Sie gerufen, wenn sie durch Nürnbergs Gassen zog, um Lumpen zu sammeln; Lumpen, die sie dann in der Hadermühl’ auf der Wöhrder Wiese ablieferte, um sich ein paar Kreuzer zu verdienen. Ebenso wie die „Schloocheri“ verstand Sie sich auf die Kunst des Kartenlegens und ab und zu soll sie auch den Kaffeesatz zum Weissagen herangezogen haben.

Eine Schönheit war sie nicht, die Lumperdurl, aber einen wunderschönen Namen hatte sie, nämlich Celentine Möhringer. Und die Erfinderin eines Nürnberger Schimpfwortes war sie auch: „Du Haderlump“.

Georg Daum, der letzte Pappenheimer

* um 1850, † um 1910

Wenn unser großer deutscher Dichter Friedrich von Schiller den Wallenstein sagen läßt „Daran erkenn' ich meine Pappenheimer“, dann glauben oder glaubten die meisten von uns, daß damit die tapferen Mannen des Grafen von Pappenheim gemeint waren, die dem großen Feldherren damals im Dreißigjährigen Krieg so wacker in die Seite getreten sind. Weit gefehlt, der Ausspruch geht vielmehr auf eine Nürnberger Redensart zurück, die jahrhundertelang einen bestimmten Berufszweig charakterisierte – den Dulln- oder Abortraamer. So wie das mittelfränkische Schopfloch für seine ausgezeichneten Maurer bekannt ist, so bedeutungsvoll waren die Pappenheimer früher als Grubenentleerer für die Stadt Nürnberg. Und weil die armen Zeitgenossen aufgrund ihrer nicht gerade geruchsfreundlichen Arbeit natürlich sofort „errochen“ wurden, entstand zwangsläufig dieser weltberühmte Ausspruch „daran erkenn' ich meine Pappenheimer“.

Das ist tatsächlich authentisch, lieber Leser. Nicht Schiller war es also, der diese Redensart erfand, sondern der schlagfertige Volksmund unserer Altvorderen.

Der letzte bekannte Pappenheimer Abortraamer war ein Unikum namens Georg Daum, auf fränkisch „Daumgerch“ genannt. Und somit wissen Sie jetzt auch, woher unser schöner Begriff vom „Daumgerch“ kommt Mit Tauben, wie man allgemein annehmen könnte, hat er jedenfalls nichts zu tun.

Der Daumgerch starb um 1910 und wurde etwa 60 Jahre alt. Mein Großvater, von dem ich die Geschichte habe, kannte ihn – natürlich aus gewisser Entfernung – noch vom Sehen. Besonders in der Gegend unterhalb der Burg war er um die Jahrhundertwende unermüdlich im Dienste der städtischen Hygiene tätig. Sein Slogan, meist an die zuhause agierenden Ehefrauen gerichtet, hieß:

> „Raamer demmer,
> bläide Henner.“

Was dem Münchner „ramma damma“ durchaus artverwandt ist.

Wie er ausgesehen hat, weiß keiner mehr. Wie er gerochen hat, kann sich jeder denken.

4. Kapitel:

Orginale, die wegen ihrer Unarten bekannt wurden

Der Dittlasbatscher

Orginale, die wegen ihrer Unarten bekannt wurden, heißt es in der Kapitel-Überschrift. Und in der Folge wird es auch nicht so ganz fein zugehen, eher ein bißchen ordinär. Aber „im Interesse der Sache“ bitte ich dafür um Verständnis.

Beginnen wir mit dem Dittlasbatscher, der zusammen mit dem Gänskrogn diesem Buch den Titel gab. Ins Hochdeutsche ist er schlecht zu übersetzen. „Busengreifer“ könnte man sagen, oder „Brust-Betätschler“. (Wie das schon klingt!) Aber all das verblaßt gegen die knallfränkische Bezeichnung für den Mann, der in stillen Winkeln und Gassen, aber auch in Wirtshäusern, den Frauen an den Busen griff. Busenfetischist würde man heute sagen, jetzt fällt's mir ein, das hochdeutsche Wort.
Mehrmals in seiner Lauf- und Greif-Bahn mußte er mit der Gefängniszelle Bekanntschaft machen, doch schließlich wurde er überhaupt nicht mehr verurteilt, denn mit der Zeit war er so bekannt geworden, daß ihm die genanten* Frauen aus dem Weg gingen. Zum andern wäre ein dauerndes Durchfüttern auf Staatskosten, gemessen an der Schwere dieses Kavaliersdeliktes, einfach zu teuer geworden.

* Sprich: schinantn.

Der Gässlas-Geiger

Als ich mich bei alten Nürnbergern erkundigte, wer wohl der Gässlas-Geiger gewesen sei, da meinten doch einige tatsächlich, er wäre ein Straßenmusikant gewesen, der mit Fiedel und Bogen durch die Gassen zog und den Leuten aufspielte. Weit gefehlt. Das, was Sie im Stillen schon vermutet haben, traf exakt zu. Er war ein stadtbekannter Lustmolch, der seinen sexuellen Notstand, oft sogar am „hellerlichten“ Tag, in Nürnbergs Gassen befriedigte. Die Dame seiner Wahl nahm er dabei mit unter seinen weiten Mantel und . . . so weiter (Siehe Bild.)

Wie der Gässlas-Geiger geheißen hat, das weiß ich inzwischen auch. Aber mit Rücksicht auf die vielen Männer gleichen Namens verzichte ich darauf, ihn zu nennen.
Wenn das keine Geste ist!

Der Rozzier und der Saubardl*

Diese beiden Orginale muß man einfach gemeinsam abhandeln, denn beide hatten die gleiche Unart: is Ruutzn.

Während der Rozzier den Ruutz über den Rockärmel hinauf in die Nase zog, blies ihn der Saubardl in folgerichtiger Umkehrung auf den Erdboden hinab, frei nach der klassischen Skifahrermethode, nämlich einen Finger an Nasenloch eins, dann einen „Blouserer" und runter mit dem Ruutz durch Nasenloch zwei.

Nicht sehr delikat das Ganze. Zweifellos. Doch im Zuge der wahrheitsgetreuen Berichterstattung einfach notwendig.

* Sprich: „Rodsiée

5. Kapitel:

Orginale, die alle ihren liebenswerten „Hieb“ weg hatten

Is Schneckla

Is Schneckla, das sagt schon der Name, muß zumindest klein gewesen sein, schon wegen des „la“ am Ende seines Namens. Er war auch ein Zwerg, ein Liliputaner, der eine große Leidenschaft hatte, das Militär. Und da er wegen seiner fehlenden Körpergröße keine Chance hatte, in der Kaserne der Bärenschanzstraße gemustert zu werden, kaufte er sich eine Generalsuniform, frei nach seiner Phantasie, einen Dreispitz und einen Säbel, der so lang war wie er selbst. Den zog er hinter sich her, als er, langsam und gravitätisch, täglich über den Nürnberger Hauptmarkt schritt.

Besonderen Spaß hatten die Kinder mit ihm, die sich in Reih' und Glied vor ihm aufstellten und auf sein Kommando hin exerzierten. Er ist nicht sehr alt geworden, der Schneckla. Das Generalspielen hat ihn wohl zu sehr überanstrengt.

Der Pfarrer Kreppl

Der Kreppl's Heiner war lang und dürr, natürlich kein Pfarrer, sondern ein zahmer, friedlicher Wirrkopf. Irgendwie hatte er einen religiösen Tick, denn er lief durch die Straßen der Altstadt und predigte. Vom Sündenfall, von Abraham und Isaak, der Auferstehung des Fleisches und der wundersamen Brotvermehrung. Wenn zum Beispiel irgendwo ein Menschenauflauf war, gesellte er sich dazu und brüllte ununterbrochen

> „Apostelgeschichte 19, Vers 32,
> Apostelgeschichte 19, Vers 32".

Bibelfest war er zweifellos, jener leicht angeschlagene Krämerssohn, denn wenn Sie diesen 32. Vers einmal nachlesen, werden Sie feststellen, daß er nicht nur damals, sondern auch heute noch immer dann richtig ist, wenn man über relativ nutzlose Versammlungen etwas Treffendes sagen will. Wie er heißt, der Spruch? Ich will Sie, weil Sie wahrscheinlich wieder mal keine Bibel zur Hand haben, nicht länger auf die Folter spannen:

> Etliche schrien so, etliche anders,
> und die Versammlung war in Verwirrung,
> und die meisten wußten nicht,
> warum sie zusammengekommen waren.

Daß der Kreppl's Heiner die Kirchensteuer erfunden hat, ist ein Gerücht.
Daß er aber auch noch „Gottesbleistift" hieß, weil er so klapperdürr war, das ist die reine Wahrheit.

Der Musnkupf

Musnkupf, das war vor 100 Jahren der Nürnberger Ausdruck für Beatle. Ein wunderschöner Name für einen Langhaarigen. Dieses Nürnberger Orginal war Alleinunterhalter in verschiedenen Lokalen der Altstadt. Er hatte drei Leidenschaften: Klavierspielen, Beethoven und den Alkohol. Seine Klavierkonzerte, soweit man sie bei seinem dauernden Schnapskonsum als solche bezeichnen konnte, waren berühmt. Sang er doch dabei eigene Texte in Nürnberger Mundart, passend zur Klaviermusik von Ludwig van Beethoven. Und da er, wie sein großes Vorbild, ebensolche langen Haare trug, nannte man ihn eben den Musenkopf, oder Musnkupf, wie der Nürnberger so schön sagt.

Eines seiner berühmtesten Lieder war eine Persiflage auf Beethovens Neunte. Den Anfang des Textes habe ich in Erfahrung gebracht:

Madla, schöina Gödderfunkn,
Töchterla aus Moorenbrunn
Ich bin widder stockbetrunken,
gib acht auf Dein Heiligtum.

Der Baron vo Schniechling

Würdevoll, hochgewachsen und aufrecht kam er daher, der Mathes Heiner, auch „Baron vo Schniechling“ genannt. Das ganze Jahr über, selbst an den heißesten Sommertagen, trug er eine russische Pelzmütze, die er angeblich nicht mal nachts im Bett abnahm. Er war der Sohn reicher, vornehmer Eltern, daher auch sein Spitzname „Baron“. Er schritt träumend und philosophierend durch die Straßen, denn er war beim Studieren verrückt geworden, der arme Kerl. Womit wieder einmal bewiesen ist, wie eng Genie und Wahnsinn beieinanderliegen.

Im Bücherschreiben versuchte er sich auch, aber er hat nie einen Verleger gefunden, der sein Erstlingswerk auf den Markt brachte. Für den Fall, daß Sie der Titel interessiert, hier ist er: „Die Bedeutung der Weißwurst im Dreißigjährigen Krieg.“

1. FCN

Der Schpinner

* um 1880, † um 1930

Der Schpinner war Nürnbergs erster Clubfan und lief schon 1915 bis 1920 so herum, wie die heutigen Anhänger des Ruhmreichen. Da es aber zu jener Zeit höchst ungewöhnlich war, in der Kleidung einer noch äußerst umstrittenen Sportart durch Nürnbergs Straßen und Gassen zu wandeln, nannte man ihn naturgemäß einen Spinner. Dieser Name ist ihm dann auch geblieben, obwohl er auf den an und für sich recht akzeptablen fränkischen Namen Josef Deuerlein hörte.

Der Schpinner war ein tapferer Kerl. Mußte der Club nach Färth, so zog er schon Stunden vor dem Spiel demonstrativ durch die geliebte Nachbarstadt, um lautstark für „seinen Club" Reklame zu brüllen. Ich möchte nicht wissen, wie oft er für seine – nicht ganz unrichtige – Wortschöpfung:

> „Ihr schbilld zwar schönner,
> doch gwinner denner allwall mir"

von den Färthern mit ein paar freundlichen Seitenhieben aus der Stadt gejagt worden ist.

Enrico Seilini, der große Artist

* ca. 1850, † ca. 1920

„Enrico“ wurde etwa 1850 als Heinrich Josef Palmberger in der Nähe der heutigen Christuskirche geboren. Als 12jähriger trat er erstmals in einem kleinen Wanderzirkus als Seiltänzer auf und nannte sich fortan Seilini.

Sein Vater war ein bekannter Clown und ebenfalls im Zirkus „Atlas“ tätig.

1919 hatte Enrico Seilini seinen letzten großen Auftritt auf dem Nürnberger Hauptmarkt. Er spannte ein ca. 30 Meter langes Seil vom Schönen Brunnen aus in Richtung Frauenkirche. Das Seil war in 10 Meter Höhe. Auf ein Netz verzichtete der große Seilini. Dann kletterte er auf das eine Podest, trat mit einem Fuß hinaus auf das Seil und wandte sich mit folgenden Worten an die staunende Menge:

„Herrschaften – so wie Sie mich hier sehen, bin ich nun fast 70 Jahre alt, aber ein Artist geblieben. Ich werde versuchen, von hier zur Frauenkirche auf dem Seil zu laufen – ohne Netz. Wahrscheinlich werde ich abstürzen, denn ich habe dieses Kunststück noch nie probiert. Wollen Sie, daß ein alter Mann auf Ihren Marktplatz stürzt und tot da unten liegenbleibt?“

(die Menge schreit „nein, nein, aufhören, aufhören“)

Darauf Seilini: „Ich danke Ihnen, Herrschaften, die Vorstellung wird um 17 Uhr wiederholt“.

Klingeling
Klingeling

Der Houhou

* 1864, † 1932

Der Houhou war wohl das letzte berühmte Nürnberger Orginal, und deshalb sollte man ihm auch ein paar Zeilen mehr widmen. Sein Revier waren die Stadtviertel Leonhard, Gostenhuf, Neusündersbühl, Schweinau, und da vor allem die Lochner Straß', die Elisenstraß' und die Hintere Marktstraß'. Seinen kärglichen Lebensunterhalt verdiente er sich am Schlachthof als Viehtreiber, indem er den Metzgern beim Auf- und Abladen der Tiere, sowie beim Hineintreiben in die Hallen half.

Um an ein paar Bier heranzukommen, schüttete er täglich in den umherliegenden Wirtschaften die „Naacherla" zusammen. Wenn er dann so an die zehn bis zwölf Halbe intus hatte und besoffen war, dann sagte man damals, daß der Houhou wieder einmal den Festrausch übernommen hätte. Auf seinen Mantelrücken hatte er ein Schlußlicht genäht, damit er des Nachts nicht seines schwankenden Ganges wegen überfahren wurde. Auf dem Kopf hatte er eine Straßenbahnermütze. Sein rechtes Auge, das er im 1. Weltkrieg verloren hatte, wurde keinesfalls durch ein Glasauge ersetzt, sondern der Feldscher in der Etappe nähte das Augenlid einfach über die Höhle hinweg nach unten. Zuständ warn des.

Sein spezielles Gerät, das ihn berühmt machte, war ein Spazierstock mit aufgeschraubter Fahrradglocke. Außerdem konnte er bellen wie ein Hund, daher auch sein Spitzname „Houhou“.

Einen besonderen Spaß machte er sich daraus, lautlos von hinten an junge Mädchen heranzuschleichen, plötzlich mit der Fahrradglocke zu klingeln und durch ein laut gebelltes „Houhou“ die armen Dinger vollends zu erschrecken.

Diese Kunst des Bellens hatte für ihn aber auch Vorteile. So schlief er meistens in einer Gartenkolonie in der Lochner Straße und verjagte des Nachts durch sein uriges Bellen so manchen Einbrecher. Deshalb war er bei Gartenhausbesitzern als Wachhund auch durchaus geduldet.

Ein Kenner der „Loonharder Szene“ erzählte mir, daß der Houhou seinen großen Auftritt im Sommer 1929 hatte:

Am Pferdemarkt gastierte damals der weltberühmte Zirkus Sarassani. Während einer Gala-Vorstellung brach „Dalai“, der Königstiger, aus und rannte schnurstracks in das Wirtshaus „Zum König von Bayern“ in die Schwabacher Straße. Die Gäste sprangen entsetzt auf – und davon, bis auf den Houhou. Der stand ruhig und gelassen auf, ergriff seinen Spazierstock, klingelte zweimal kurz und bellte dann den Tiger auch noch an. Darob war jener so erschrocken, daß er auf der Stelle kehrt machte, in den Hof hinausrannte und über einen Eisenzaun springen wollte. Beim Wollen blieb es aber dann auch, denn der Tiger blieb förmlich auf den Eisenspitzen des Zaunes stecken und riß sich von oben bis unten den Bauch auf. Bis der Tierarzt eintraf, war „Dalai“ verendet.

Das Gasthaus hieß fortan „Tigersprung“ und der Houhou bekam bis zu seinem Lebensende jeden Tag vom Wirt eine Maß Bier umsonst, da er ja nunmehr ein gefeierter Held war.

6. Kapitel:

Orginale mit ganz besonderen „Eigenheiten"

Der schwarze Christl

Der schwarzhaarige Teufel Christian Scheindel hatte die bemerkenswerte Gabe, an einem Objekt gleich mehrmals zu verdienen. Er hauste in einer selbstgebastelten Hütte in der Nähe der Mögeldorfer Kirche und schnitzte Bohnenstangen, die er tagsüber verkaufte, nachts wieder stahl, um sie am nächsten Tag erneut an den Mann zu bringen.

Besonders gern fing und aß er Fische aus Nachbars Weihern. Seine Diebereien waren teilweise so schlimm, daß ihm die Besitzer der Fischweiher sogar eine Abfindung zahlten, nur damit er ihre Fischbestände nicht gar zu sehr dezimierte. Aber selbst das half nichts. Er kassierte zwar, doch klaute er munter weiter.
Als er alt und gebrechlich wurde, ließ ihn die Gemeinde ins Sebastiansspital einweisen, ins „Wastl" also auf der Wöhrder Wiese. Als man ihn dort in die Wanne steckte, um ihn erstmals im Leben zu waschen, hat ihn vor Schreck der Schlag getroffen.

Der Reichels Kasper

Kaspar Reichel war einer der letzten Nachtwächter, die gegen Ende des vorigen Jahrhunderts noch mit der Laterne unterwegs waren und stündlich ihr „Liebe Leute, laßt euch sagen ..." sangen. Er war ein Veteran des 70er Krieges und hatte bei der Schlacht von Weißenburg fast das Gehör verloren, denn er war Richtkanonier und der Geschützlärm zerriß ihm beide Trommelfelle. Er lebte ebenfalls in Mögeldorf. Zu seinen Aufgaben gehörte es, spät abends um 11 Uhr in den Wirtshäusern Polizeistunde zu gebieten, oft recht zum Unwillen der Kartler, die halt noch eine Schieberrunde vor sich hatten oder noch „zwaa Moußn" auskarteln mußten.
War es da ein Wunder, daß sie dem Reichel's Kasper erst einmal einen Humpen Bier hinstellten, um Zeit zu gewinnen, wußten sie doch, daß er so ab und zu ganz gern „a Häfala" trank, um sich für seinen noch anstehenden Nachtmarsch zu stärken.

An einem Winterabend des Jahres 1898 aber wollten die „Kartlbräider" wieder mal überhaupt nicht aufhören, trotz der mehrmaligen ernsthaften Ermahnungen vom Kasper. Da hatte der Wirt eine begnadete Idee. Plötzlich stürzte er in die Gaststube, brüllte „Diebe, Diebe, Diebe, däi klauer meine Henner" und rief den Kasper um Hilfe. Der bekreuzigte sich, nahm seine Hellebarde, schlich in den Hühnerstall und rief laut „Halt, wer da?". Aber nur die Hühner flatterten ihm um die Ohren, einen Dieb gab es weit und breit nicht.

Im Gegenteil, der Wirt hatte hinter ihm die Tür verriegelt, so daß der Kasper die ganze Nacht über eingesperrt war.
Was er aber für ein treuer, braver Kerl war, geht daraus hervor, daß er auch im Hühnerstall jede weitere volle Stunde mit seinem „Hört ihr Leute“ ankündigte, nur damit ihm keiner nachsagen konnte, er hätte seine Pflicht nicht erfüllt.

Als er 1899 starb, stand fast ganz Mögeldorf an seinem Grab.

Der Brunskartler

Der Brunskartler hieß Schorsch Hofbeck und spielte meistens im alten Walfisch „Dreeg".* Aber nie als Mitspieler, der von Anfang an dabei war, sondern immer nur als Ersatzmann, der dann einsprang, wenn einer der Kartler während des Spiels mal dringend einem menschlichen Bedürfnis nachgehen mußte. Daher der Name Brunskartler, der auch heute noch in Nürnberger Kartelrunden durchaus geläufig ist.

Vom Hofbecks Schorsch gibt es eine Reihe amüsanter Geschichten.

So soll er zum Spaß immer „Dozent" gerufen worden sein, Dozent einer eigenartigen Hochschule, nämlich jener geheimnisumwitterten Kartelakademie von Weinzierlein.

Zu diesem Weinzierlein muß ich einiges sagen: es liegt hinter Unterasbach auf der Straße nach Ammerndorf, Abzweigung Roßtal. Aus irgendwelchen unerfindlichen Gründen hat der Volksmund dorthin eine nie existierende Kartelakademie verlegt, also eine Hochschule, in die solche Spieler geschickt wurden, die beim Karteln grobe Fehler machten und erst einmal in die Grundbegriffe eingeweiht werden mußten. Das Pendant zu Weinzierlein ist die Watt- und Schafkopfschule zu Rosenheim, in der dritt- und viertklassige Oberbayern die hohe Kunst des Kartenspielens erlernen.

* Dreeg (Dreck): Nürnberger Kartenspiel in 4 Abschnitten, bestehend aus 66, Rot Aßn, Rufen und Kamerun. Den Dreeg spielt man „naaf und noo".

Die Dozenten in Weinzierlein waren:
Professor Dr. Roßtäuscher, Lehrfach: Mischen, Geheimrat Graf von Donnerswoch, Lehrfach: Abheben, Dr. Tschambosi, angeblich ungarischer Emigrant, Lehrfach: Geben, und eben jener Schorsch Hofbeck, unser Brunskartler, der wahlweise für die obigen Experten eingesetzt wurde.

Schulleiter war der berühmte Italiener Schahie di Trixiano, jener sagenhafte Wirt vom „Blauen Affen in Venedig". Er unterrichtete in den vier Grundarten des „Dreeg".

Übrigens: Da die Kartelakademie Weinzierlein zur Zeit wegen Überfüllung keine neuen Anwärter mehr aufnimmt, erteilt vorübergehend Unterricht im Dreeg:

Dr. Schorsch Hahn,
Weltmeister im Löschen
im Gasthaus „Deutscher Jäger"
Großreuth bei Schweinau,
samstags von 14 bis 24 Uhr,
sonntags nie.
Telefon (0911) 6177217.

Die Schloocheri

Die Schloocheri war, wie schon der Name andeutet, eine Kartenlegerin, also eine Art Wahrsagerin. Sie zog von Gasthaus zu Wirtshaus und prophezeite den Stammtischlern, die sich natürlich eine rechte Gaudi daraus machten, die nähere und fernere Zukunft. Sie umgab sich zwar mit dem Flair der Zigeunerin, was zu jenem geheimnisumwitterten Beruf einfach dazugehört, aber bei näherem Hinhören, vor allem dann, wenn sie fluchte, da wußte man genau, daß ihre Wiege mit Sicherheit zwischen Gostenhof und Schweinau stand.

Ähnlich wie die Schnapsgermania begnügte sie sich mit ein paar Groschen pro Weissagung, nahm aber dankbar jeden Schluck Schnaps an, den man ihr anbot. Was letztlich ihren Weissagungen aber keinerlei Abbruch tat, denn Alkohol beflügelt ja bekanntlich die Phantasie.

Die Schweinauer Durl

Wer von Ihnen kennt nicht das Volkslied „Tanz mit der Durl, tanz mit der Durl, bis nach Schweinau, Schweinau ... “? Weit über die Grenzen Frankens hinaus ist es bekannt geworden. Die Schweinauer Durl, die diesem Lied den Namen gab, war eines von vielen Mädchen, das Ende des 19. Jahrhunderts der damaligen bayerischen Armee als „Werbedame“ diente. Werbedame ist vielleicht etwas zu hoch gegriffen, sie war vielmehr ein Animiermädchen, das dafür sorgte, möglichst viele „Freiwillige“ in die Armee zu locken. Und das ging so vor sich:
Die Durl zog zusammen mit anderen Mädchen ihrer Glaubensrichtung in die Innenstadt, setzte sich in nicht gerade sehr vornehmen Lokalen zu jungen Männern an den Tisch, trank und scherzte mit ihnen, bis jene, wie man so schön sagt, mehr wissen wollten. Das war dann der Moment, an dem die Durl recht liebevoll darauf hinwies, daß ihr ach so bescheidenes Heim da draußen in Schweinau stünde, wohin man denn wohl gehen müsse, wenn ... Viele Jungen folgten dem Ruf und zogen mit der Durl in den Südwesten der Stadt. Sie tanzten nicht, wie es im Lied so schön heißt, sondern marschierten, untergehakt und schmusend in eine Schweinauer Vorstadtkneipe, „auf ein letztes Bier“, wie die Durl sagte.

Das Ergebnis des nächtlichen Ausfluges ist schnell erzählt: Der junge Mann wurde so betrunken gemacht, daß es für die letztlich eintreffenden Armeewerber ein leichtes war, dem armen Kerl seine Unterschrift abzulocken, eine Unterschrift, die ihn zum Kriegsfreiwilligen der bayerischen Armee machte. Das Erwachen war dann auch entsprechend. Seitdem spricht man vom Schweinauer Dreiklang: „Madla weg, Kupfwäih hast und Soldat bist aa nu".

7. Kapitel:
Klassische fränkische Orginale

Der Tout vo Forchheim

Wenn bei uns in Nürnberg einer sehr hager und schmalgesichtig ist, dann kann es durchaus sein, daß man von ihm sagt „der schaut aus wäi der Tout vo Forchheim“. Sie werden sicher überrascht sein, wenn Sie erfahren, auf was dieser Begriff zurückzuführen ist: Einst gab der Rat der Stadt Forchheim einem Holzschnitzer den Auftrag, für die Stadtkirche einen gekreuzigten Heiland zu schaffen. Zwei Jahre ließ sich der Meister Zeit und man erwartete deshalb von ihm ein wahres Meisterwerk. Doch wie groß war das Erstaunen, als man bei der feierlichen Enthüllung des Kruzifixes einem Christus gegenüberstand, der mit seinen eingefallenen Gesichtszügen wie der leibhaftige Tod aussah. Aber man ließ das Kunstwerk dann doch hängen, weil man der Meinung war, daß Jesus am Kreuz ja eh schon dem Tode nahe war und folglich auch so ausgesehen haben könnte, wie dies der Künstler ausdrückte.

Auf Hinterglasmalereien in alten Nürnberger Gaststätten findet man heute noch die eine oder andere Zeichnung vom „Tout vo Forchham“. Er dürfte aber letztlich auch nur einer gewesen sein, der Ähnlichkeit hatte mit jenem geschnitzten Heiland in der Stadtkirche zu Forchheim.

Is Bimbala vo Laff

Is Bimbala, von Beruf Schuster, war ein kleiner, buckliger und häßlicher Mensch aus Lauf. Das Zimmer, das er bewohnte, war Wohnraum, Schlafraum und Werkstatt zugleich. Bei ihm zu Hause herrschte eine Unordnung, die geradezu fürchterlich gewesen sein muß. So sagt man ihm nach, daß er laufend die verkehrten Schuhe auslieferte: einen schwarzen, einen braunen, einen Herrn- und einen Damenschuh. Jeweils als Paar natürlich.

Wenn Kinder nach dem Spielen ein heilloses Durcheinander zurückließen, konnte man die Mütter früher oft schimpfen hören „bei Dir sichts aus wäi bam Bimbala vo Laff". Meine Mutter zum Beispiel hat's zu mir täglich gesagt.

Die Faulstichs Frieda vo Gunznhausn

Die Frieda aus Gunzenhausen wohnte in einem Seitentrakt des dortigen Rathauses und ernährte sich vom Klavierspielen. Auf Taufen, Hochzeiten und Weihnachtsfeiern ließ sie das wohltemperierte Klavier des jeweiligen Lokals erklingen, um mit munteren Weisen die Gäste zu unterhalten.
Fast ihre gesamten Ersparnisse opferte sie für den Ankauf von Taubenfutter, und so war es kein Wunder, daß der Rathausvorplatz von Gunzenhausen fast ebenso versch . . . ieden weiß aussah, wie der Markusplatz in Venedig. Höhepunkt ihres Umgangs mit den gefiederten Freunden war die Dressur derselben. Unter ihren achtzig bis 100 Pflegevögeln waren mindestens zehn, die aufs Wort gehorchten und zu ihr kamen, wenn sie „put put, put, put, Fressen" rief.

Dieser Dressurakt hatte jedoch einen entscheidenden Nachteil: Die Tauben folgten jedem, der sie so anlockte. Folge: sie wurden von den lieben Mitbürgern der Reihe nach mit put, put, put in die eigene Bratröhre zitiert.

Der Blousarsch vo Färth

Als ich noch ein Schulbub war und meine Mutter ab und zu mit einem kleinen Scherz erfreuen wollte, sagte ich manchmal zu ihr: „Du, heit is di Färther Straß fei gschperrt!“ Auf ihr promptes „warum?“ antwortete ich schadenfroh „wall der Blousarsch is Radfahrn lernt!“
„Blousarsch“, das ist der jahrhundertalte Kosenamen für unsere Fürther Nachbarn, die sich ihrerseits dafür gern mit dem Ausdruck „Närmbercher Pflasterscheißer“ revanchieren.

Es war gar nicht so einfach, ja nahezu lebensgefährlich, in Fürth einen Einheimischen nach der Herkunft des Wortes Blousarsch zu fragen. Fast alle empfanden das als persönliche Beleidigung, und erst nachdem ich gebührenden Abstand hielt und ganz von weitem auf die Leute einredete, erhielt ich einige barsche, unfreundliche und abweisende Antworten.

Einer, er muß nicht direkt aus Fürth gewesen sein (vielleicht aus Sack), gab mir dann doch eine halbwegs brauchbare Auskunft, die mir auch durchaus logisch erscheint. Er sagte: „Der Blusarsch, nä, des war a Moh, nä, der hout in Färth glebt, nä, der is immer di Färthä Straß nuntä und hat ununterbrochn Ann nach'n Andern fahrn lassn, nä.“

8. Kapitel:

Nürnberger Mundartausdrücke, die helfen sollen, einen Menschen exakt zu charakterisieren

Im Gegensatz zu den Orginalen der bisherigen Kapitel, die alle den klassischen Artikel „der" oder „die" vor ihren Namen hatten, sind die folgenden Bezeichnungen mehr allgemeiner Art, haben sie doch alle nur den unbestimmten Artikel „a" (ein) davor. Das aber hat den entscheidenden Vorteil, daß damit alle Einheimischen, Zugereisten und Besucher unserer Stadt sehr treffend charakterisiert werden können.

Männliche Begriffe:

A Woonst: *ein Fettwanst bzw. einer mit dickem Bauch, dem sogenannten „Kniedlasfriedhuuf".*

A Windbeidl: ein Sprücheklopfer. Frei nach dem gleichnamigen Gebäck, nämlich: aufgeblasen und groß an Volumen, innen aber hohl, leer und nichts als Luft.

A Kniedlaskupf: ein Mensch mit kugelrundem, den handgedrehten Knödeln ähnlichem Kopf.

A Mummala: ein eingemummter, ewig frierender Mensch.

A Arschgsicht: nicht weiter erklärungsbedürftig.

A Waffelbeck: ein Schmarrer und Dauerredner, der dauernd seine „Waffl" offen hat.

Weibliche Begriffe:

A Trutschala: ein langsames, etwas vertrotteltes Frauenzimmer, früher häufig zu finden im Dienstmädchenbereich.

A Zammzupfta: unmöglich gekleidetes weibliches Wesen. Man sagt auch „däi is zammgstellt wäi a bäiser Finger“.

A Houchherzata: weibliches Wesen mit zwar großem, aber tapfer nach oben getrimmten Busen.

A Scharmanda: charmantes Wesen aus der Gegend um Frauentor-mauer/Ottostraße.

Damit möchte ich dieses Buch schließen. Sicher fehlen noch etliche Orginale aus der guten alten Zeit und sicher kennen Sie auch das eine oder andere, das heute noch unter uns lebt. Vielleicht sind Sie sogar selber eines. Das würde mich dann ganz besonders freuen, denn meines Erachtens gibt es viel zu wenige davon.

Der Verfasser:

Rudolf J. Weickmann, geboren am 7. November 1937, ist ein echter „Närmbercher Päiterlasbou" und arbeitet derzeit als Werbeleiter eines führenden Nahrungsmittelkonzerns in München. 1967 war er Faschingsprinz seiner Vaterstadt. Und als Vizepräsident der Knoblauchsländer Karnevalsgesellschaft Buchnesia ist er dem fränkischen Brauchtum eng verbunden.
Dieses Buch über Nürnbergs Orginale ist sein zweiter literarischer Versuch, nachdem die Biografie des „Eppelein von Gailingen" ein recht guter Erfolg wurde.
Ende 1975 erschien sein
„Hans Sachs",
ein Buch zum 400. Todestag des Meisters, 1976.

Quellen-Verzeichnis

Stadtarchiv, Stadtbibliothek,
Franz Bauer, „Alt Nürnberg“,
eigene Nachforschungen
sowie Hinweise und Bildmaterial von den Nürnberger Bürgern Emil Horn, Konrad Werthner, Georg Rohr, Günter Schuler, Anton Weiß, Herrmann Ostermayer, Harry Hinkel, Georg Lössel, Eva Frey, Anton Angerer, Sebastian Förderreuther, Karlheinz Schubert, Karl Vogt und Willy Händel (2 Nürnberger Päiterlasboum), Richard Schwab (Bratwurstherzle), Dorothea Teschner, Franz Erler, Alfred Ettler und Marlis Eberlein (München).

Inhalt

Vorwort zur 2. Auflage 4
Vorwort zur 3. Auflage 5

1. Kapitel:
Was ist ein Orginal? 6

2. Kapitel:
Die vier klassischen Nürnberger Orginale
Der Gänskrogn 9
Die Schnapsgermania 13
Der Zeitungskoarla 19
Der Schousterbou 22

3. Kapitel:
Orginale, die Hausierer und Straßenhändler waren
Der Heringsbändiger 25
Der Serviet-Krämer 27
Der Mausfalln-Krämer 28
Der Beesleins-Bou 31
Der Bodackn-König 33
Is Schwarzbeer-Weib 34
Der Galanterie-Krämer 37
Die Lumperdurl 39
Georg Daum, der letzte Pappenheimer 40

4. Kapitel:
Orginale, die wegen ihrer Unarten bekannt wurden
Der Dittlasbatscher 42
Der Gässlas-Geiger 44
Der Rozzier und der Saubardl 46

5. Kapitel:
Orginale, die alle ihren liebenswerten „Hieb“ weg hatten
Is Schneckla 48
Der Pfarrer Kreppl 50
Der Musnkupf 52
Der Baron vo Schniechling 54
Der Schpinner 57
Enrico Seilini, der große Artist 59
Der Houhou 61

6. Kapitel:
Orginale mit ganz besonderen „Eigenheiten“
Der schwarze Christl 65
Der Reichels Kasper 66
Der Brunskartler 68
Die Schloocheri 70
Die Schweinauer Durl 72

7. Kapitel:
Klassische fränkische Orginale
Der Tout vo Forchheim 74
Is Bimbala vo Laff 76
Die Faulstichs Frieda vo Gunznhausn 78
Der Blousarsch vo Färth 80

8. Kapitel:
Nürnberger Mundartausdrücke, die helfen sollen, einen
Menschen exakt zu charakterisieren 82